나 너 우리

나 너 우리

이재록 두 번째 시집

그림과책

| 시를 읽기 전에 |

저는 초등학교가 아닌
국민학교를 나왔습니다
1학년 1학기 첫 수업 시간에 배웠던
단어 첫 줄이 나 너 우리였습니다
얼마나 중요한 가치였으면
배움의 시작이 나 너 우리였겠습니까?
세월이 흐르고 삶에 찌들어
그 가치를 잠시 잊고 살았던 것뿐입니다
나 너 우리는 각기 다른 단어들이 아니라
똑같은 말이라고 생각합니다
내가 너이고 우리가 너와 나입니다
그래서 저의 시집을 읽으시면 1집과 2집이
다른 것이 아니라 같은 맥락이라는 것을
인지하시고 읽어주셨으면 합니다
1집 『내가 너』에 수록된 작품들을 실은 까닭은
작가가 아쉬운 마음에 한 번만 더
읽어주십사 하는 마음에 올린 글이니
2집과 연결 지어 하나의 시집으로
생각해 주셨으면 좋겠습니다
다시 한번 이 시집을 너에게 보냅니다

2025년 9월

이 재 록

차 례

5 시인의 말

1부 나

14 배수지
15 망각
16 몸살
17 나는 안다
18 나를 본다
19 그리움의 가격
20 군자君子
21 자유인
22 시월의 마지막 밤
23 찬 바람 피할 길 없어
24 잔치국수
25 글뱅이
26 다섯 시 삼십 분
27 흔적없이
28 다람쥐 쳇바퀴
30 세상에서 가장 사랑해
31 슬픈 날
32 독방

33 지천명
34 눈물이 웃는다
35 배부른 시인
36 텃밭
37 길
38 마음 추스르기
39 극과 극
40 도깨비
41 일 1
42 좋은 날
43 밤을 걷는 선비
44 건망증
45 사랑방
46 나 대신 나
47 이별 후애後愛

2부 너

50　너
51　졸음
52　도미노
53　너도 변한다
54　빛바래기
55　가을은 눈부시다
56　그리움도 사랑이라면
58　피뢰침
59　호박벌의 사심
60　간이 휴게소
61　노을 지는 언덕
62　참꽃 피는 봄
63　가을 이슬
64　문득
65　독한 감기
66　비라도 내렸으면
67　노란 딱지
68　우리 엄마

69　불 들어갑니다
70　된장
71　소음
72　쓰레기통
73　커피의 흔적
74　계륵
75　비를 본다

3부 우리

- 78   담쟁이
- 79   싸우지 마라
- 80   죽은 시인의 사회
- 81   지식인
- 82   기쁘게
- 83   행복의 순간
- 84   면도
- 85   봄비
- 86   일월산
- 88   바다의 자유
- 89   냉장고
- 90   나는 약을 먹습니다
- 92   멋 세
- 93   새 세상
- 94   등산
- 95   굳은살
- 96   일용직
- 97   겨울밤이면 서부로 가는 사나이

98　덤프트럭
99　사는 의미
100　오늘을 살자
101　찬란한 노을
102　무심한 세월
103　낙화落花
104　전생
105　한계
106　미안합니다
107　황금색 아파트
108　사치
109　AI
110　저금
111　셋 세상
114　주린이
115　사랑을 한다

1부 나

나는 아네

피고 지고

지고 피는 나를

배수지

배수지 언덕은
거친 심장이다

언제부턴가
배수지는 숨이 차다

언덕을 올라 그런 것이 아니라
바쁘게 살아가는
유모차 푸들 연인 모과나무 그 벤치

모든 것들이
내겐 숨이 차다

망각

내 생각을 쪼그라들게 하고
내 추억을 쪼그라들게 해야 한다
그러려면 나의 뇌를 줄일 수 있는
소주가 제격이다
마실 때는 생각이 나다가도
금세 잠이 들면 잊을 수 있다
잊기 위해 매일 뇌를 줄인다
잊기 위해 소주가 뭐였는지도
잊을 것이다

몸살

사랑에는 독이 있어
깨어지면 서서히 무뎌져
몸살을 앓는다

몸살은 죽은 행복이라
더 큰 사랑이 다시 온다 해도
마음은 굳은살처럼 감각을 잃어버린다

근데도 매번 그 굳은살을 뜯으며
몸살이 아니라고 절대 아니라고
애써 외면을 한다

나는 안다

나는 아네
꽃이 필 때를

나는 아네
꽃이 질 때를

나는 아네
피고 지고
지고 피는 나를

나를 본다

하늘 아래 몸부림은 허세다
평생을 살기 위해
누구나 심한 허세에 빠진다
삶의 번뇌를 앓고 나야
몸부림은 차분해지고
거품은 사그라지고
비로소 겸손해진 나를 본다

그리움의 가격

가격이 너무 많이 올랐다
요즘은 그리워하는 일도
남몰래 죄짓는 기분이다
생각하지 않으려 해도
시간만 되면 자꾸 생각이 난다
목이 답답하게 잠겨 있어도
감기에 헛기침이 계속 나와도
때가 되면 그리운 그 무엇은
하늘 높이 뿌연 연기로 피어오른다
이 밤 마지막 그리움 하나를
다시금 가슴으로 태워버렸다
사랑받지 못하는
초라한 내 그리움의 가격은
하루 사천오백 원

군자君子

국화 향 그윽해도
서리에 결국 지네

때 되면 피고 지고 인생사 그런 거지

어줍은
사군자 절개
나는 진정 몰라라

자유인

일 마치면 별일도 없으니
시간적 자유

돈 많이 쓰는 사람 없으니
경제적 자유

혼자 있으니
얼떨결에 독립의 자유

이렇게 자유로운 영혼인데
왜 쉬는 날 집에만 있는 건지

이렇게 생각하자
그냥 쉬고 싶어서라고

시월의 마지막 밤

뭐 별일이야 있을까
로또 당첨된 것 같은
사랑의 밤이 쉽게 올 리가 없지

이미 쓸쓸한데 세상엔
의미를 찾으려고 하는 날들이 너무 많아
고독을 더 고독하게 만든다

옆에서 시끄럽게 울어대는
귀뚜라미를 도저히 미워할 수가 없다
밤새 우는 귀뚜라미는 수컷이라나 뭐라나

애써 그 녀석을 외면하고
불어오는 마지막 밤을
콧노래로 보내주었다

찬 바람 피할 길 없어

찬 바람
피할 길 없어

옷깃을 세워
얼굴을 묻었다

세월을
피할 길 없어

묻었던 얼굴을
다시 들었다

잔치국수

재밌는 것이라곤
아무것도 없는 세상

하루를 뚜벅이다
집으로 가는 길

배가 고파
잔치국수 한 그릇 먹었네

엄마 가시고 다음다음 날
잔치국수가 생각나더라

초상집에서
잔치국수라니

대책 없이 그리운 날에는
대책도 없이 잔치국수를 먹는다

글뱅이

시를 쓰다가 문득
이런 청승맞은 시를 써서 무엇하나?

한동안 펜을 놓고 있으면
문득 시인이 시를 쓰지 않으면
또 무얼 하지?

이래도 부족하고
저래도 부족한 영혼

남들은 어떻게 쓰나?
이리 기웃 저리 기웃

이런 글뱅이 같은 놈

다섯 시 삼십 분

5시 30분에
깨워 줘

그날의 아침은
비 내린 후 갬

일어나는 그 시간이
행복의 시간이다

잃어버렸던 추억을
되살렸던 것처럼
아침이 설렌다

흔적없이

곱창에
소주 한 잔도 잠깐

하루도 잠깐
한 달도 잠깐

멈춰진
시간은 없다

미련하게만
흘러갈 뿐

그 속에서 나는
아무런 흔적도 없이

다람쥐 쳇바퀴

노을이 지면 먹먹해지고
해가 뜨면 삶이 숨 가쁘다

구르고 구르는 쳇바퀴 인생인데
아침마다 바라는 건 도대체 뭘까?

내일도 오늘의 복사판
나는 왜 날마다 기대하는가?

기대의 끝은 늘
희망을 갉아먹는 고독뿐인 걸

삶이란 희망인데
희망의 껍질을 벗기니
알토란 같은 고독만 남는다

아침에는 희망이 말하고
밤이 되면 고독만 들린다

소주 한 잔 없이
이 지독한 고독과 싸워

어떻게 이기겠는가?

세상에서 가장 사랑해

기억력이 예전 같지 않다
하지만 꼭 하나는 알아야 한다
정보 하양 아파트
입구 비밀번호 310 열쇠 1524 종,
호실 비밀번호 1524 별
아들을 보러 가려면
꼭 알아야 한다
아들이 기억나지 않아도
본능처럼 이 번호는 기억해야 한다
절대 잊어버리지 않도록

슬픈 날

노아웃 주자는 만루
득점 없이 끝났다

나는 한 개 너는 일곱 개
끝까지 나는 한 개가 남아 있다

이런 사소한 일들이
은근슬쩍 쌓여서일까

바랄 땐 오지도 않던 비가
마음이 꾸물할 때 이제야 내린다

지금부터 장마라네
이 장마가 지나가면 괜찮아질 거야
흐린 날도 더 맑게 살면 되지

독방

가둔 것이 아닙니다
하지만 철창보다 지독합니다

자물쇠를 채웠지만
열쇠는 없습니다

그리움으로만 열리는
하나뿐인 독방이라
누구와도 공유할 수가 없습니다

지천명

계산이 한창인 마트 아주머니
말티즈 안고 걷는 여인
이른 참새는 요리조리

비틀거렸던 두 다리가
사월을 녹인다

이젠 세월이 흘러도
두렵지 않다

하늘의 뜻을 안다는
지천명의 삶이 이런 것인가?

사월 햇살 속
널브러진 하늘도 다소곳해진다

눈물이 웃는다

많이 울고 나니
눈물이 말라서일까

우리는
눈만 마주치면 웃는다

눈물이 말랐으니
웃음만 날 수밖에

웃는 우리는
눈물의 웃음이다

눈물이
나를 보고 웃는다

배부른 시인

배가 고파야
시가 나온다던데

왜 이리
배가 부른지

맨날
먹고 자고 싸고

한 자
긁적거려보려 해도

마른 몸에
배 나올까 그게 더 걱정이다

텃밭

아침이 오는 소리에
깨어나는 텃밭이 있다

까만 구두만 고집하던 일도
이젠 의미 없는 일이 되었다

언제부터인지 흙이 묻은 옷에
목이 긴 장화가 익숙해졌다

봄을 준비하는 손길 또한
작년과 똑 닮았다

텃밭은 사계절이다
철마다 뭘 해야 하는지를 안다

텃밭은 비바람 따라 세월 따라 여는
익숙한 삶의 공원이다

새소리 풀벌레 소리 여전한 아침이
익숙하게 자리를 깐다

길

길 끝 즈음에는 손 흔들며
안아 주는 이 있다 믿었다

꿈이라 희망이라 여기며
길을 외면하지 못했다

무지개 뜨는 저 하늘은
오늘도 맑음인데
이름자 하나 새기지 못한
세월이 무정無情이라

별도 잠든 자정 너머로
혹여 그림 같은 꿈을 꾸더라도
다시는 나의 길을 묻지 않을 것이다

마음 추스르기

정한 마음이야
짐작 정도는 하겠지만
내 마음 흐를 곳 알지 못해서
잊어버릴까 새기고 또 새기고
엇나간 마음들이 다시 찾아올까 봐
아침이면 전쟁터에 나가는 사람처럼
전투화 끈을 꼭 조여 맨다

극과 극

앞집 가게 주인은 복도 많다
아홉 살 어린 남편과 살고 있다
가게 주인이 남편과 외출을 하나 보다
맞은편 가게 주인은
아홉 살 많은 남편과 살고 있다
남편은 도둑놈 소릴 듣는다
그 가게 주인도 남편과 외출을 하나 보다
잠시 고개를 흔들어 정신을 차려본다
누군가의 희망 사항이란다

도깨비

하나둘 뱉어지는 마디마다
하나같이 도깨비 모양이다
몸속에서 움찔하는 수치심 때문일까
끊었던 담배를 핑계 삼아 다시 피워 본다
지나왔던 모든 수치심을 어리석게도
한 개비로 달래려 한다
치유되지 못한다는 것을 알지만
바보처럼 수치로 수치를 치유하려 한다
도깨비 같은 놈들을 또다시 내뱉는다
담배를 피울 때마다
바보처럼 나는 수치로 수치를 내뱉는다

일 1

누구는
일을 시작이라 말한다

근데
나는 왜 일이 끝일까

지워지지 않는
일

나의 시작은
일이 사라지는 순간이다

좋은 날

땅에는 꽃단풍
하늘엔 구름 깔린 흰 단풍

산바람 들바람
뭐가 그리 좋은지 신이 난 콧바람

저 멀리 멀어져도
그냥 좋은 내 마음이여

밤을 걷는 선비

밤하늘 거칠게 내뿜은 입김을 타고
낮보다 더 환하게 다가오는
구름 속 별 하나

몸속을 파고드는 차가운 어스름 위로
가로등 홀로 눈부신
이 거리 위에서

불빛이 멀어지고
별들이 잠들 때까지
어슬렁어슬렁 밤을 걷는다

건망증

지갑을 놓고 나와
왔던 길을 되돌아갔다

이사를 했는데
한동안 살았던 집으로 갔다

헤어지고도

사랑방

머리카락을 쓸고 먼지를 닦아도
낡은 방은 늘 허기지기 마련이다

사랑방이라도 있어야지
객을 받을 수 있겠다

책을 꽂고 꽃도 꽂고
화려하진 않아도 미련은 없어야지

사랑방의 꿈이 이루어지면
모두 모여 살 것이다

너와 나 손잡고 사랑방에 모여
해묵은 방을 훤하게 밝힐 것이다

나 대신 나

최고의 게임이라니
안 해 볼 수가 없다

처음 하는 게임은
분노의 대마왕

지존 급, 폐인 급도
나 아닌 나 나 대신 나

게임 속 또 다른 나는
점점 강해지고 있다

실패도 잊고 무작정
일어서는 모습이 기특하다

나는 배터리 충전만 하면 되었고
나 아닌 나는 나 대신 나로 되었다

이별 후애後愛

잡초를 뽑으려다
깻잎 순을 꺾었다
향기를 맡고서야 깻잎인 줄 알았다
가끔은
좋은 사람을
잊을 때도 있더라

열매를 맺기 위해
잎을 다 잘라냈다
떨어진 이파리가 소매를 붙잡더라
햇살의
따가움보다
빈자리가 더 아프다

잊었다
여름에는 몰랐던 그리움을
비 온 뒤 풀잎에 밴
이슬 먹은 흙 내음을
떠나면
그립다는 걸
멀어진 후 알았다

2부 너

눈꽃이 녹은 그 자리에
다시 잎이 돋는다
변하지 않는 것은 없다
시간이 지나면 바래버리는
너와 나의 마음처럼

너

검은 머리카락이
점점 변해가고

계절도
겨울로 가고 있는데

내 안의 너는
언제나 용광로

졸음

서늘한 그늘을 피해
빛 잘 드는 담벼락 옆으로 도망 와
쪼그리고 앉아 있다가 그만
날카로운 햇살 한 조각에 찔려
고개를 떨군 채 멀건 피를 쏟아내며
죽을 곳을 향해 쓰러져 가고 있다
이 순간 안에서는
먹고 싶은 것도 없고
그리운 사람도 없다
그늘을 배신한 죄로
내 영혼은 잠시
햇살에 찔려 죽었다

도미노

한 발짝 다가가면
한 발짝 멀어지고

앞서가면
더 앞서가고

급회전을 해도
넌 딱 그만큼의 거리

사랑은 도미노

우주여행 떠난 철이와 메텔
좌석 앞뒤 칸처럼 그만큼의 간격

나는 오늘
너는 내일

너도 변한다

어제가 너이냐?
오늘이 너이냐?

아니면
내일이 너이냐?

어제도 오늘도
그리고 내일도

너는 매번
같은 자리에 있지 않아

너도 변하고
나도 변하고

근데 눈치가 없어
평생 모르고 살지

빛바래기

끝내 낙엽으로
떨어져 버린 가지에는
눈꽃을 피우고
눈꽃이 녹은 그 자리에
다시 잎이 돋는다
변하지 않는 것은 없다
시간이 지나면 바래버리는
너와 나의 마음처럼

가을은 눈부시다

낙엽은 말없이 건널목을 건넜고
바람은 하늘만 보며 걸었다

삶은 늘 울컥거린다
죽음의 기생충들이
늘어진 몸을 흔들며 꿈틀거린다

슬프지만, 눈물은 없다
돌아서서 흐느낄 이유조차도 모르겠다

건널목 하나
건너면 되는데

어쩌면 아쉬움이 눈부신
가을을 볼 수도 있겠다

그리움도 사랑이라면

길을 걷다 문득 생각이 나면
잠시 얼굴 한번 그렸다가 놓아준다

견딜 만큼 견디고 나면 나아지겠지
거의 다 왔어

그래도 생각나면
추억에 잠깐 빠지면 되잖아
이번만 이번만 하면서 사는 거지

머리가 말을 듣지 않으면
깊은 곳에
낙인 하나 찍어놓으면 되잖아

그래도 생각나면 몇 잔 술에 잠들어
아침을 아무런 생각도 없게 만들면 되지

그래도 생각나면
늘 내 곁에 있는 거라고
억지 좀 부리면 되잖아

그래도 자꾸 생각이 나면
아련히 찾아가 그리움에서라도
보고 오면 될 일이야

이런 집착 같은 그리움조차 사랑이라면
사랑보다 더 쉬운 일이
어디에 또 있겠습니까?

피뢰침

하늘을 보며 불러본다
쌀쌀맞은 너지만 나는 기다린다
온몸이 으스러져 뼛속까지 녹아내린다 해도
하늘만 바라보며 너만을 기다린다

백만 볼트의 저림이
백만 가지의 떨림으로
이렇게 비가 오는 날이면
혹시라도 널 볼 수 있을까 싶어
한 치 미동도 없다

아무것도 남지 않을 그날이
우리의 마지막 해후일지라도
이별 후 막연한 그리움으로만 남을지라도
심장을 파고드는 백만 가지의
까닭 없는 떨림이 있는 한
나는 죽어도 움직일 수가 없다

호박벌의 사심

호박꽃 속으로
호박벌이 날름날름

들어갔다
나왔다

손가락에 흠뻑 묻은
꽃가루가 야릇하다

간이 휴게소

빨리 봐야 하는데
국도에 차가 밀린다

인적 없는 그곳에서
반갑게 너를 만났다

만남은 짧았지만
고마운 만남이었는데

뒤돌아보니
화장지가 없다

오늘따라 유난히
사람이 그립다

노을 지는 언덕

밭둑의 박넝쿨이
이리저리 뒤엉켰다
가지를 휘어 감고 아재 밭에 넘어갔다
한평생
같은 자리는
엉덩이가 배긴다

급하게 땅을 파니
삽자루만 부러졌다
한나절 땀방울로 하나를 바라지만
귀먹고
눈조차 멀어
한 치 앞을 못 본다

온몸에 묻은 흙을
냇물에 씻어냈다
어느새 저 아래로 오늘이 흘러간다
노을을
잡는다 하니
기운 해가 웃더라

참꽃 피는 봄

오실 때에는
참꽃 피는 봄이면 좋겠습니다

친구처럼 망부석처럼
해마다 피던 참꽃처럼이면 좋겠습니다

연분홍 물든 밤이면 여윈 어깨로 지고
앞산 뒷산 바라보며 혼자라도 지키겠습니다

비바람 분 자리 세월의 몸살로
분홍빛 진하다 하여
저리 꺾어놓진 않으렵니다

홀로 지킨 나날들을 비웃듯
햇살이 구름에 갇혀 맴돌고 있을 때
눈부신 아침 이슬처럼 오소서

가을 이슬

낙엽은 쉴 새 없이
빨간 가을을 떨어뜨리고

이슬은 새벽 사이
빨간 단풍에 물들었구나

고운 눈망울
아침나절에 던져주고
너는 흔적 없이 사라졌다

아침에는 흰나비가 날아오지
목마른 흰나비가
이슬 먹으러 훨훨 날아오지

문득

평상에 드러누워
하늘만 바라보네

달빛이 밝아선지 별빛이 흐려선지

눈동자
머문 곳마다
일렁이는 흑과 백

독한 감기

독한 감기는
꽃잎이 필 때 옵니다

약 기운에 피는 꽃잎에는
핏기 하나 없습니다

나는 찾습니다
따뜻한 양지를 찾습니다

창문 틈으로 내리는 것은
햇살의 당연함이라 여기며
이젠 부끄러운 줄도 모릅니다

그리하여서는 아니 될 일이지만
내가 지금 쉴 곳은
따뜻한 양지임을 본능이 말합니다

감기에 걸리지 말아야 하는데
나이가 들어갈수록
점점 어려운 일이 되어갑니다

비라도 내렸으면

한 사람이
걸어갑니다

그 사람을
바라보는 이가 있습니다

눈에선 이내
이슬이 맺혔습니다

바람도 한 점 없는
한적한 공원에서 말입니다

그 모습을 보고
똑같은 눈물을 흘렸습니다

그 사람이 걸어갔던 것처럼
그녀도 그렇게 걸어갔습니다

왜 이런 날에는
비도 오지 않습니까

노란 딱지

다 잊어서
직접 말한 것도 기억을 못 한다
너는 바보가 되었다

잊자 해놓고
내쉬는 한숨 따라 흘러나와
발걸음까지 멈추게 한다

잊자 해놓고
기다리던 파란불을
몇 번이고 건너뛰게 한다

이런 식이면 너라 해도
어쩔 수 없이 노란 딱지야

우리 엄마

깨물고 트집 많던 나의 한 끼는
우리 엄마 늙어빠진 참젖이었네

일 간다 손짓하고 벌은 한 끼는
우리 엄마 뼈만 남은 두 손이었네

괜찮다 이 엄마는 정말 괜찮다
화를 내며 하는 말을 믿어버렸네

나이 들어 고마운 맘 눈물겹지만
사랑한다 한마디 말도 못했네

아직도 깊은 밤 잠 못 드는 건
못난 자식 걱정에 새벽이 짧네

불 들어갑니다

간간이 떨어진 낙엽 위를 밟는 발걸음이 조급하다
아직 희망이 있다는 말은
혼자 믿고 싶었던 착각이 되고 말았다
해가 바뀌고 봄이 오면 같이 걷자던 벚꽃길
이제 그 길을 어떻게 걸을까나
누구든 한 번은 가야 하지만
힘겹게 살아온 세월만 따진다면
당장 떠나도 아쉬울 게 없으련만
두고 갈 수밖에 없다는 생각과
다시 볼 수 없다는 미련 때문에
아쉬울 것 없던 세상도
쉽게 버리지 못했던 까닭이리라
단내 나는 삶,
억척같은 삶을 살게 한 죄 많은 우리가
오직 당신의 유일한 행복이었을까?
그런 당신에게
내가 할 수 있는 것이라고는 아무것도 없었고
마지막으로 보내는 당신 앞에
마지막으로 했던 그 말만 며칠째 귀를 때린다
불 들어갑니다 불 들어갑니다
어머님! 불 들어갑니다

된장

상추 위에 수육 한 점
마늘 반쪽 청양고추 한 토막

그 위에 된장을 바르고
쌈 하나 먹는데 된장이 짜다

예전 된장이 아니다
미리 알았어야 했는데

나는 그냥
엄마! 된장이 짜네?
라고만 했다

이런 젠장

소음

힘없이 기울어 가는
노을 저편에서도

가로등 환히 비치는
인적 없는 거리에서도

밤하늘 고요히 내려앉은
달빛 양지에서도

이따금씩 흐물거리며 멀어지는
밤 구름 아래에서도

숨소리조차 거슬리는
이른 새벽 안개 속에서도

내 마음 한 귀퉁이는
아직도 아물지 못한
그 그리움만 더 요란하다

쓰레기통

주는 것마다 마다치 않고
모두 받아먹는다
날름거리는 혓바닥 속에
쓰레기 같은 내 머리를 넣었다
이렇게 한참 동안 안에서 널 보니
쓰레기만 담을 줄 알았던 너도
이 시간만큼은 나와 좋은 벗이 되었다
누가 말했지
홀아비 마음 과부가 안다고

커피의 흔적

추억 한 자락을 풀어
그리움에 던져 넣고
휘저어 마신다

한 모금 한 모금
한 잔을 다 마신다

애써 마시기 전 빈 잔처럼
깨끗하게 마셔보려 해도
잔 속에 남아 있는
마지막 한 방울의 흔적은
도무지 마셔지지가 않는다

결국 종이컵
가장 깊은 바닥 가장자리에
먹물처럼 까맣게 말라붙어 버렸다

계륵

아마도 너와 난
전생에 그냥 그런 친구였나 봐
가까이 가려 하면
내 손등을 치고
아니다 싶어 멀어지려 하면
네가 먼저 내 손을 잡았지
너무 가까이하기도 싫고
너무 멀리하기도 싫은 존재

비를 본다

비가 내리면
조용히 처마 끝에 앉는다

발은 앞으로 뒤로
손으로는 비를 맞는다

빗방울 소리로 마음을 비추면
어느새 그림 그리는 여인을 본다

그가 들리는 거다
그가 보이는 거다

3부 우리

그 순간에는

소중하지 않은 것이 없다

비바람에 떨어져 버린

꽃잎 한 잎까지도

담쟁이

너는 기대지 않고는
올라가질 못하지?

세상은 잘 몰라
그러니까 네가 이름을 날리지

그러지 마!
땅을 기면 어때?

누구도 널
땅에 기대고 산다는 말은
하지 못할 거야

싸우지 마라

뭔가 있을 것 같아도
아무것도 없다

아니다 원래
아무것도 없었던 것이다

아니다 원래
아무것도 없었던 것조차도 없었다

서로 싸우지 마라
돌아보면 아무것도 아니다

죽은 시인의 사회

가슴팍에 눈물겨운
시 한 줄 품고 있었다면
길을 가다 사람을 해할까?

세상은 늘 힘들고 피곤하지만,
그냥 살아가는 거야

심장이 벅차오르는
시 하나 품고 그냥 사는 거야

시를 좋아한다는 말은
사람을 좋아한다는 말이거든

지식인

성은 지씨
이름은 식인

식인?
사람을 먹어?

지식인이라는 사람은
가끔 사람을 잡아먹는다

기쁘게

죽으러 가려면 기쁘게 가야지
오늘도 한 걸음 더 죽음으로 간다

아니라고 하겠지
사람들을 만나면
재미를 찾고 행복을 말하는 일

흘러가는 것들은 소용없는 일이야
멈추지 않는 한

벌써 저녁이 왔잖아
저녁이 언제 지나갔는지 느낌도 없어

재미를 찾고 행복을 말하는 일
모두 기쁘게 가려고 하는 몸짓이야

그러니
오늘은 잘 살아야지

행복의 순간

행복은
말없이 몰래 온다

친구의 웃음소리로
꽃들의 해맑음으로

문득 마음을 버렸다 싶을 때
잠깐 찾아온다

그 순간에는
소중하지 않은 것이 없다

비바람에 떨어져 버린
꽃잎 한 잎까지도

면도

남자는
면도를 한다

여자도
면도를 한다

여자는
아기가 된다

남자는
주름이 생긴다

봄비

지나온 추운 계절
그것도 그립더냐

봄볕에 수줍게 핀
봄꽃이 얄밉더냐

잠시만
내릴 거라던
찬 봄비가 아직도

일월산

여인은
안갯속에 숨었다

열두 딸 한스러움은 기약도 없고
간혹 달이 뜰 때면
낙엽을 밟는 이슬이 된다

안개로 꽃으로
가끔은 바람으로
일월산은 외로울 겨를이 없다

아침에는 이슬로 안개로
저녁에는 별들로 반딧불로

일월산은 여인이다
앞치마를 두른 여인
산나물 향이 밴 엄마의 손이다

일월산은 올곧은 마음이다
풀꽃 한 송이의 너그러움
한 점 바람의 행복이

걸음마다 사각거린다

하지만 일월산은 내숭쟁이다
더딘 바위에도 내숭이 숨어 있다
처음이라 더 깊은 곳은
다음이라며 바람이 어깨를 위로한다

오늘 하루 여인의 계곡에서
묵은 때를 벗겼고
안개가 조심스럽게 내숭을 가렸다

바닥의 자유

바닥이라 여기자
겸손의 바닥이라 여기자

마음공부 하며
시를 읽고 쓰며 놀자

사랑이라는 마음은
바닥을 경한 자만이 안다

지금도 바닥이고
내일도 바닥일 것이다

죽는 날까지도
오늘을 바닥이라 여기자

바닥이라 오를 일 뿐이라는
마음까지도 버리자

냉장고

비운다
비운다
다짐을 했건만

늘 욕심으로
가득 차 있는 나

나는 약을 먹습니다

누가 내 자존심을 건드려
마음을 아프게 하면
나는 꼭 약을 먹습니다

어느 노스님께서 처방해 주신
마음에 좋은 그 약을 먹습니다

내 잘못이라는 약
모든 게 내 탓이라는 약

먹기가 많이 힘이 들고
약효가 금방 떨어질 때도 있지만
매일 꾸준히 먹어야 한다 하십니다

그 약을 먹고 나면 신기하게도
머리가 솜털처럼 가벼워집니다

약에 취해도 좋습니다
이 사람 저 사람
차별 없이 만날 수 있으니 말입니다

만나는 사람들이
하나하나의 들꽃처럼 보입니다

그 사람들이 각양각색의
인향人香을 뿌리고 갑니다

사람은 어떤 힘으로 사는가를
일깨워 주었습니다

나는 매일 약을 먹습니다
그래서 매일 사람이 그립습니다

멋 세

많이 채우려 하였다
근심이 하나 생겼다
흰머리가 하나 더 자란다
주름이 하나 더 잡혔다
채워도 채워도 그 끝은 없었다
나에게 사랑은 없는 것이다
지겨운 나이만 한 살 더 먹었다

조금씩 비우려 하였다
모든 것들이 감사하다
하루가 너무나 즐겁다
비울수록 마음은 더 가벼워졌다
매일 사랑이 궁금하다
그도 내가 가끔은 그리울 것이다
그리움 가득 나는
멋을 한 살 더 먹었다

새 세상

우측으로 가니
느러터졌고

좌측으로 가니
숨이 가쁘다

그렇다고 가만히 있자니
박쥐가 되는 세상

고사리 반찬에
곡차 한 잔 마시고 잔다

그렇게 찾았던 새 세상이
매일 밝아 오는 아침이라니

등산

힘들다는 마음이 생기면
산을 오르자

처음에는 힘들 거야
익숙하지 않으니까

중턱쯤 오르면
힘들다는 마음도 금세 사라진다

번뇌의 산도
자꾸 오르다 보면
번뇌도 일상처럼 살아진다

산을 올라야 한다
산이 평야로 느껴질 때까지

굳은살

죽은 것들은 모두 굳어진다
굳어 죽은 것들은 아프지 않다

떼어내고 떼어내도
새싹이 돋아나듯 딱딱함을 살아낸다

굳어야 사는 자
굳어서 아프지 아니한 자

한 걸음 한 걸음 굳어가는 사람들
한 걸음 한 걸음 죽어가는 사람들
한 걸음 한 걸음 또 살아가는 사람들

굳어가는 죽음을 향해
아프지 않은 듯 죽으라 살아간다

아침 햇살이 창을 두드리면
어김없이 굳은 엄지발가락은
나를 깨운다

일용직

내일 비가 오면
일이 없네요

하루를 편하게
쉬는 것도 좋은데

일을 쉬게 되면
일당을 못 받아요

누구는 하루를 쉬어도
일당이 나온다네요

무노동 무임금
많이 들었는데

운 좋게도 이런 규칙이
우리에게 먼저 주어지네요

겨울밤이면 서부로 가는 사나이

마차 하나 끌고 서부로 간 사나이
장총 같은 부지깽이로 화약을 장전한다
불이 오르고 곧 총알이 익어갈 것이다
현란한 네온사인이 뒤덮은 도시의 건물들
저마다 자기를 알리는 간판 불빛 사이로
제 눈엔 여우 같을 마누라도 있어 보이고
초등학생 하나둘 정도는 있어 보이는
그 사나이가 가진 것은 오직 마차 하나
마차 앞에는 적들을 위협할 만한
코팅된 대문 글이 간판으로 흔들린다
군밤 먹을래? 꿀밤 맞을래?
서부정류장 하나뿐인 마차 안에는
사나이의 목장갑만 손님 없이 분주하다
두 어깨에 짊어진 입 다문 사연이 무겁다
발갛게 익은 숯덩이가
겨울밤 겨울 아빠를 애태우는 삼경三更
봄은 지척咫尺인데 사나이의 아침은 아직도 멀다

덤프트럭

첫 출발은
일 번 덤프

오전에 다섯 탕
오후에 네 탕

점심시간에
식사는 많이 하셨습니까
라는 말에

오늘 하루도
목숨만 붙어 있으면 된다
하신다

트럭 앞 유리창에
달아놓은 간절한 기도

아빠!
오늘도 무사히

사는 의미

의미 없다 생각하면
아무리 좋다고 말해도
절대 움직이지 않고

의미 있다 생각하면
하찮다 말하는 하나까지도
감사한 마음이 된다

큰 행복은 기대하지도 말자
사소한 행복을 알아야
사랑도 깊어진다

그래야 더운 여름,
땀 흘린 후 바람 한 점의 선물을
고맙게 맛볼 수 있다

오늘을 살자

오늘은 하루도 쉬지 않고
내일로 달려간다

내일을 잡고 보니
거기가 오늘

끝없이 달려가도
거기가 오늘

나는 단 하루도
내일을 본 적이 없다

매일 오늘을 살았고
오늘에 울고 웃었다

오늘을 살자
꿈에 부푼 내일은 없다

오늘을 살자
절망뿐인 내일도 없다

찬란한 노을

하루의 끝

붉게 탄 얼굴들 너머로
태양도 힘을 잃었다

땀에 젖은 하루를
창공에 던져버린다

지는 노을은
깨어지고 부서진
삶의 조각들

약한 햇살에도
터져버리는 석류처럼

찬란하게 터진 노을은
아스라한 세월의 한숨이다

무심한 세월

꽃은 지는데
잎은 그대로

된서리 맞으면
잎도 지겠지

굴곡 없이 살아도
계절은 바뀌고

사랑을 망각해도
세월은 간다

낙화 落花

소리치고 싶어서인가
체념하고 싶어서인가

모든 걸 바쳐 피었던 것처럼
당연하게 여기며 물들었던 것처럼

떨어지는지도 모른 채
물을 들인다

질 줄 모르고 타오르다
결국 떨어져 버리는 인연들처럼

전생

전생에서는 분명 난
왕자였다고 생각했다

근데 매일 밥하고 빨래하고
설거지하고 또 일하고

생각과는 다르게
내 전생은 머슴이었나 봐

아니야 넌 왕자였는데
시종들을 너무 많이
부려 먹어서 그렇게 된 거야

너도 조심해
나처럼 된다

한계

1시간은 60분
하루는 24시간 일 년은 365일

숫자는 한계가 없다 말하는데
그 숫자 안에서마저 한계에 부딪혀
좁은 울타리를 스스로 만들어 놓고
그 속에다 가두어 버렸다

한계는 누군가 만들어 놓은
진리일 것 같은 공간 안에서 방황하다
그 하루를 한 번도 잡을 수 없다는
한계에 빠진다

지금 이 시간에도
한계에 놓인 오늘이
쏜살같이 지나가고 있다

미안합니다

엄마는 좋아하는 음식이 없다
좋아하는 과일도 없다
좋아하는 꽃도 없다

병실에 계시던 엄마는
갈치구이를 좋아하셨고
포도를 좋아하셨고
국화 앞에서는
발길을 돌리지 못했다

부끄럽게도
아파지고 나서야
엄마를 보았다

황금색 아파트

어머님은 5년 전에 아버님은 올해
아파트 10층 중 2층에 나란히 한 채씩 잡아서 사신다
1층에는 정 씨 두 분이 사시고
3층에는 권 씨 전 씨 모두 이웃사촌
새롭게 이사 온 분들도 많아 매일 심심치는 않으시겠다

혹시나 서로 싸우시지는 않는지
궁금해서 주마다 그곳을 찾는다
요즘 층간 소음이 문제라던데

10층 건물의 황금색 아파트
입구에서 반배 지장보살님께 삼배
그리고 아버님 어머님께 삼배
멋진 아파트에 계신 것 같아 마음이 놓인다
모든 아파트가 같은 타입이라
여기서는 누구도 분별이 없다
2주택이라도 별도의 세금도 없다

나도 살고 또 살아
마침내 아버님 어머님께서 살고 계신
황금색 아파트로 꼭 이사를 가야겠다

사치

엄마를
배 아프게 하고

엄마를
제대로 알지도 못한 채

당연히 누리고 사는 것이라
여기고 살았던 우리

그렇게 이 세상에 나온
나 너 우리

AI

AI는 소멸이다
사람도 소멸 욕심도 소멸

똑똑하다고 생각하는
사람들의 만용이다

친구가 없어지고
사랑도 옛날 옛적이 되고 만다

아니함만 못한 일
너와 나의 목을 옥죄는 일

누구라고 말할 것도 없이
가장 앞에 서서 사형대에 오르는 우리

인간의 욕심으로
그 욕심까지 앗아가는 일

저금

반복되는 일상 속
단비와 같은 커피 한 잔
일이 끝나면 그날의 흔적들이
몸으로 조금씩 저금이 된다

대답 없는 공허한 날들
작업화는 이제 쉬어가라며
구석진 곳에 날 주저앉혀 버렸다

그리고 다시 내일이 찾아오면
꿈과 희망을 말한다
내일 저편에 희망이 있으니
꿈꿔보라 말한다

아무것도 모르는 바보는
날이 선 꿈을 향해 달린다
처진 어깨와 맞바꾼 하루를
보람이라 말하고

내일을 위해 희망을 위해라고 말하고
고맙게 오늘을 몸 통장에 저금한다

셋 세상

짓누르는 이불의 두께가 삶의 온도다
다른 듯 똑같은 하루를 매일 붙들고 있는 우리
낮 세상에 골똘하면 누군가가 그리워진다
하지만 환한 낮 세상은 당신을 알아보지 못한다
단지 정신없이 일한 후 몰아 쉰
한숨 속에 잠시 머물다 갈 뿐이다
할 수 있는 것이라고는 고작
일을 마치고 마시는 소주 한 잔
나의 처지에 맞게 가슴 한구석에
남아있는 상실감을 어루만지는 일
그 이상도 그 이하도 아닌 불면의 시간을
쓴 소주 한 잔으로 치유 중이다

낮밤 세상에는 나만의 소중한 시간이 있다
저녁을 거르고 벤치에 앉아
누군가를 생각하며 시를 쓰는 시간은
누구도 느낄 수 없는 설렘의 시간이다
하지만 아무리 몸부림쳐도
저녁을 거른 세상은 그 어떤 대답도 없고
당연히 이렇게 사는 것인 양
이제는 무기력에 빠져 침묵처럼

아무런 감각도 느끼지 못한다
그저 내게 주어진 자투리 시간만이
더 애틋하게 다가올 뿐이다

밤 세상은 고요하다
하나도 많아 보이는 세상
밤의 소리는 마음의 소리다
이 시간에는 시끄러운 기계 소리도
마음을 녹이는데 방해가 되진 못한다
잔잔한 밤 세상에 묻히면
가로등 불빛 아래 쪼그려 흐느끼는
새벽안개의 시름에도 마음이 젖어든다
모두 잠든 시간에 나는
셋 세상의 마지막을 느낄 수 있다

그러면 눈먼 아침이
어김없이 다시 밝아올 것이다
셋 세상 구석구석을 밝혀주진 못하지만
아침이라는 이름으로 그저 밝아올 것이다
거역할 수 없이 밀려드는 여명의 불빛을
희망의 아침이라 말하는 사람 앞에

몸이 오그라드는 이 열등감은 무엇인가
나는 밝은 아침에 눈을 감고 잠을 자야만 한다
바삐 일한 후의 아침이 몹시 졸리기 때문이다

주린이

주식은
두억시니

누군가가
내 뒤에 있다

싸늘하게
나를 지켜보고 있다

두억시니를 이기려면
금강야차金剛夜叉를 불러야 한다

사랑을 한다

가을이 깊어지면
사랑을 한다

오지도 가지도 않을
사랑을 한다

그리움도
사랑일까

창 너머 궁금한
사랑을 한다

그림과책 시선 343

나 너 우리

초판 1쇄 발행일 _ 2025년 10월 2일

지은이 _ 이재록
펴낸이 _ 손근호

펴낸곳 _ 도서출판 그림과책
출판등록 2003년 5월 12일 제300-2003-87호

03924 서울특별시 마포구 월드컵북로54길 17 821호
     (상암동, 사보이시티디엠씨)
    도서출판 그림과책
전화 (02)720-9875, 2987 _ 팩스 (02)720-4389
도서출판 그림과책 homepage _ www.sisamundan.co.kr
후원 _ 월간 시사문단(www.sisamundan.co.kr)
E-mail _ munhak@sisamundan.co.kr

ISBN 979-11-93560-50-1(03810)

값 12,000원

이 책의 판권은 지은이와 그림과책에 있습니다.
잘못된 책은 교환해 드립니다.